做你家人的好家人

Zuonijiarendehaojiaren

李顺长 著

四川大学出版社

责任编辑：王　锋
责任校对：李　静
封面设计：吴　强
责任印制：王　炜

图书在版编目（CIP）数据

做你家人的好家人 / 李顺长著. —成都：四川大学出
版社，2006.5（2015.4 重印）
ISBN 978-7-5614-3368-3

Ⅰ. 做… Ⅱ. 李… Ⅲ. 家庭-人间关系-通俗读
物 Ⅳ. C913.11-49

中国版本图书馆 CIP 数据核字（2006）第 051105 号

四川省版权局著作权合同登记图进字 21-2006-046 号

书　名	做你家人的好家人
作　者	李顺长　著
出　版	四川大学出版社
地　址	成都市一环路南一段 24 号（610065）
发　行	四川大学出版社
书　号	ISBN 978-7-5614-3368-3
印　刷	郫县犀浦印刷厂
成品尺寸	210 mm×200 mm
印　张	6.5
字　数	78 千字
版　次	2006 年 5 月第 1 版
印　次	2015 年 4 月第 3 次印刷
印　数	8 001～11 510 册
定　价	28.00 元

◆读者邮购本书，请与本社发行科
　联系。电 话:85408408/85401670/
　85408023　邮政编码:610065
◆本社图书如有印装质量问题，请
　寄回出版社调换。
◆网址:http://www.scup.cn

序

去年我和妻子庆祝了银婚纪念。我们走过了四分之一世纪的漫长征途，九千多天眼泪与欢笑、苦涩与甜蜜所构筑的彩虹岁月。我们组织了家庭，也看着许多人组织了家庭。我们分享了鸳鸯故事给朋友听，也聆听了许多朋友的鹣鲽趣闻。我们对婚姻与家庭的经验谈，谠论高言不敢说，但这个重要的结论，我俩倒有十拿九稳的把握：美好的家庭不是看天田，它是努力灌溉、耕耘的成果。

有了凿子、锤子和石头，你就变成雕刻家？

听见云雀歌唱，加上手里的一枝笔，你就变成诗人？

跳动的心脏，奔流的血泪，美妙的婚礼，你俩就变成神仙夫妇？

兴奋的眼神，母爱的天性，作父母的喜悦，你俩就变成模范双亲？

拿家庭成员彼此间相对位置作经线，你可以解析出丈夫对妻子、妻子待丈夫，父母对儿女，儿女待父母，兄弟待姐妹这五条人伦纲常。拿家庭分子互相间的作用力作纬线，你可以归纳出爱情、祝福、家道、角色、成长、栽培、了解、沟通、关系、护卫、权威、生命等十二种生活曲目。这五条人伦纲常和十二种生活曲目交集，绘制出多彩多姿的家庭乐章。

我俩仔细聆听了各色各样的乐章凡25年，发现美满的家庭，大体上拥有某些共同的旋律。如果以所罗门所提倡的智慧作拾音器，你我横走在纬线的生活乐章里，我们会听见这十二段曲目，在智慧与经验的双重敲击下，发出优美的旋律——

家道：古典智慧中的家道中兴大计。

爱情：耕耘婚姻的花圃，使它成为恋爱的延续。

祝福：做你家人的好家人，就是做他们的天使。

成长：婚姻，心灵与生命成长的最佳酵素。

栽培：给你的孩子最好的机会成为他自己。

角色：站对位置，演对角色，唱对调子，就是美妙家庭！

了解：别问，家人为何不了解我；要问，我怎样了解家人。

沟通：语言在有爱心和智慧的人手中，气象万千！

关系：敬请依图建筑家里的人际关系。

护卫：起来！捍卫你的家庭，使其免受病毒的侵害。

权威：一手握剑，一手握橄榄枝，无可匹敌的感化力！

生命：回声的定律——触摸生命的秘诀。

　　这本书定名为"做你家人的好家人"，主要着眼于美化家庭，从自我开始的主动性。我个人十分深信，这种舍我其谁的精神拥有一种积极的感召力。本书引用了人类经验所累积的智慧，写作的方式力求简洁，省略了大部分说明。我想结构化的表达已经是清楚自明的。读者还须多加默想，以求应用在你个人境遇中的智慧。

　　谨以此书献给潘燕女士。她拥有高度智慧，先身体力行做配偶的好配偶，以致我决心追求做我配偶的好配偶。我的改进更激起她做好配偶的动力。就在这良性循环的作用力里，上天的恩惠和智慧，引导我们领悟到"做家人的好家人"的美妙乐境。

李顺长

二○○七年初夏

目 录

第 0 *1* 章

家道中兴

家，嘉，佳
家，痂，枷

家是　　父亲的王国，
　　　　母亲的天地，
　　　　儿女的乐园。

　　　　在那儿可以找到温情与了解，
　　　　　　　饶恕与接纳，
　　　　　　　意义与价值，
　　　　　　　喜悦与满足。

家也可以是　　父亲的枷锁，
　　　　　　　母亲的刑场，
　　　　　　　儿女的地狱。

　　　　　　　在那儿可以找到冷战与分裂，
　　　　　　　　　斗争与暴力，
　　　　　　　　　虐待与扭曲，
　　　　　　　　　怨言与诅咒。

就看其中的成员如何经营它！

家家有本经

家是社会结构最基本的单位。历史的智慧证明这句话的真实性。

以生活为经，以家庭为纬，把两者交织成一幅优美的图画。家是活动的中心，有诗为证——

敬拜　以家　为圣所

教育　以家　为学校

生活　以家　为单位

救恩　以家　为基础

神国　以家　为比喻

关系　以家　为蓝图

王权　以家　为范畴

子权　以家　为例证

第 0 2 章

爱情的花圃

恋爱的滋味

"结婚是恋爱的结束。"有的哲人是这么说的。

别相信这句话。

你有权利替自己的婚姻写下如诗的理想：

"结婚是恋爱的高原。"

当然，

要在平淡中创造新鲜，

在日常中创造浪漫，

在单调中创造情趣，

那还得靠你运用一点飞腾的想像力。

情诗中下面这首是人间极品：

　　　　我良人对我说，

　　　　我的佳偶，我的美人，起来，与我同去。

　　　　因为冬天已往，雨水止住过去了。

　　　　地上百花开放，百鸟鸣叫的时候已经来到，

　　　　斑鸠的声音在我们境内也听见了。

　　　　无花果树的果子渐渐成熟，葡萄树开花放香。

　　　　我的佳偶，我的美人，起来，与我同去。

　　　　我的鸽子啊，

　　　　你在磐石穴中，在陡峭的隐密处，

　　　　求你容我得见你的面貌，得听你的声音。

　　　　因为你的声音柔和，你的面貌秀美。

将你的婚姻营造成恋爱的高原。

情话绵绵
无尽期

有沟通就有了解，有了解就能同心，有同心就会相爱。

话不投机半句多——这种同一屋顶下的陌生人是营造出来的。

情话绵绵无尽期——这种温馨满室的美丽，也是培养出来的。

试试看下列这些话题，作你俩美妙相交的催化剂吧！

- 我一生中所见过最好笑的事⋯⋯
- 我最想去哪里度假⋯⋯
- 最近我完成一件有意义的事⋯⋯
- 当我不必上班谋生时，我最想过的惬意生活⋯⋯
- 我觉得我可以做得最好的事⋯⋯
- 我们的家庭拥有哪些美好的品质⋯⋯
- 我最感激你为我所做的三件事⋯⋯
- 我觉得你最与众不同的地方⋯⋯
- 假如我有二万台币（一千美金）可以自由花用⋯⋯
- 有哪一件事我可以改善，使你更快乐⋯⋯
- 猜猜看，圣诞节、春节我最想得到什么礼物⋯⋯
- 我最怀念小时候吃过的两样东西⋯⋯
- 各种花卉中我最喜欢⋯⋯因为
- 我最喜欢的一首古典曲子⋯⋯
- 我最难忘我父母亲为我所做的一件事⋯⋯
- 我们试试看从一到十，组成数目字开头的四字成语⋯⋯
- 我所听过的一则很好笑的笑话⋯⋯

天不怕，
地不怕，
男人最怕——

箴言以浓缩的语言，为唠叨的妻子写了几句讽谏：

妻子的争吵，如雨连连滴漏。

宁可住在房顶的角上，也不在宽阔的房屋与争吵的妇人同住。

宁可住在旷野，也不与争吵使气的妇人同住。

普天下的男人，天不怕地不怕，就怕妻子的狮吼和唠叨。没完没了的滴滴答答是丈夫的最怕。妻子们，放你先生一马！

研究婚姻的专家说，男人最忧伤的是下列五十件事。想要丈夫长寿快乐的妻子，驭夫术的第一课，是避免这些负面品质。

1. 唠叨、啰嗦
2. 缺乏情意
3. 自私、不体贴
4. 太多抱怨
5. 干涉丈夫的嗜好
6. 邋遢
7. 脾气坏
8. 干预丈夫管教小孩
9. 自认聪明
10. 不诚恳
11. 太容易受伤
12. 批评丈夫
13. 心胸狭窄
14. 忽略小孩
15. 家务不整
16. 好辩
17. 不良嗜好
18. 不真爱
19. 干预丈夫的工作
20. 宠坏小孩
21. 用钱不当
22. 岳父母问题
23. 入不敷出
24. 情绪不稳
25. 耳朵软
26. 嫉妒
27. 懒惰
28. 闲言闲语
29. 健康不佳
30. 社交不佳
31. 不良娱乐
32. 多嘴多话
33. 不关心丈夫的工作
34. 豪华奢侈
35. 购衣狂
36. 择友
37. 老是校正丈夫
38. 对别的男人有兴趣
39. 管丈夫太严
40. 不尊重习俗
41. 三餐不准时
42. 兴趣
43. 洁癖
44. 约束丈夫饮食
45. 外出太多
46. 对丈夫不忠实
47. 宗教信仰
48. 厨艺差劲
49. 文化太低
50. 发誓

妻子们
的
最怕

普天下作妻子的，都害怕：

丈夫懒惰，因为全家会遭致贫穷。

丈夫恋慕外女，因为全家会被辱蒙羞。

丈夫滥交朋友，自取败坏。

丈夫贪杯，人格逐渐怪异。

丈夫没骨气，全家没保障。

研究婚姻的专家说，妻子们最怕遇人不淑。想要太太长寿快乐的丈夫，训妻的第一课是，先在下列五十件事上治服自己——

1.自私、不体贴
2.事业不成功
3.不真实
4.太多抱怨
5.不会表达情意
6.不肯讲开来
7.对儿女苛求
8.暴躁易怒
9.对儿女没兴趣
10.对家不关心
11.缺乏情爱
12.鲁莽
13.没有雄心
14.紧张过度
15.批评妻子
16.用钱不当
17.心胸狭窄

18.对妻子不忠实
19.懒惰
20.嫌妻子话多
21.公婆关系
22.耳朵软
23.看钱太紧
24.好辩
25.收入不丰
26.没骨气
27.不喜相偕外出
28.对别的女子注意
29.用餐风度不佳
30.不良娱乐
31.脾气坏
32.嗜好杯中物
33.不整洁
34.忙事业

35.兴趣
36.不良习惯
37.不尊重习俗
38.自认聪明
39.择友
40.赌博
41.宠坏儿女
42.约束妻子的自由
43.多嘴多话
44.宗教信仰
45.嫉妒
46.太迟回家用餐
47.发誓
48.吸烟
49.文化太低
50.丈夫年轻太多

驭夫术七策

万物之兴衰，总有其轨迹可以遵循——

家有问题，也总有蛛丝马迹可以窥其端倪。

丈夫若有下列行为记号，聪明的妻子就会警觉，并且采取适当的行动，修补这条裂缝，防止它扩大，保护自己家庭的安全。

1.丈夫开始比平常晚回家。

  下策：雇用私家侦探调查其行踪。

  中策：质问"把你的行踪交代清楚"。

  上策：营造温暖的气氛，每次给他一个诚挚的欢迎，可口美味的晚餐，使他喜欢早一点回家。

2.丈夫对你毫无兴趣。

  下策：直接对他说："请你对我好一点。"

  中策：偶尔回娘家或晚上出去办点事，让他照顾自己。这种改变平常生活模式的柔性刺激，可能引动他的顿悟，生发对你的感激。

  上策：维持内涵的提升，保持身材的线条，营造知心的沟通。

3.丈夫面容颓丧，不修边幅。

  下策：骂他"你看起来十足像流浪汉"。

  中策：每天提醒他服饰、穿着、仪表。

  上策：周末去乡间小径走走，去逛逛附近的小城，在情调高雅的地方吃顿午餐，一起去采草莓……

4. 他不理孩子们，缺少关爱。

    下策：咒他"看你这一副作爸爸的德行。"

    中策：要他看小孩做功课。

    上策：教小孩子自己做点小礼物送给爸爸。举办几次家庭活
             动：逛动物园，打保龄球……

5. 他在公众场合讲了不得体的话，伤害了你。

    下策：当场跟他理论清楚，扳回公道，回敬几句。

    中策：回家跟他算账。

    上策：事后找个俩人独处，时间、气氛恰当的时机告诉他，你
             不喜欢这样被说，你被伤害，以后不该再有类似的事
             发生。

6. 他上床倒头就睡，夜夜如此。

    下策：哭泣、猜测、自责。

    中策：给他食补。柔情、香水、丝质内衣。

    上策：追求在灵性上、心理上、生活上、身体上的美好合一。

7. 丈夫另结新欢，有外遇。

    下策：一哭，二闹，三离婚。

    中策：找那个女的谈判。

    上策：为他祷告，倾听他的挣扎与心路历程，饶恕他，对他比
             以前更好，寻找有经验的朋友协谈。
             追求成长与吸引力。

训妻记七招

懂得分辨天色，做出适当反应的人，是聪明人！
懂得察颜观色，做出适当反应的丈夫，是好丈夫！

妻子若有下列行为表现，一个好丈夫当如何帮助她呢？

1.妻子对仪表服饰失去兴趣。

　　下策： "你怎么不照照镜子！"

　　中策： "我陪你去买一套新装。配上新烫的发型，一定好看。"

　　上策： "我怎样改善自己，可以使你更开心？"

2.妻子觉得无聊，晚上外出，留你在家。

　　下策： 私下跟踪她去了哪里。

　　中策： 创造几个有趣的家庭游戏节目。

　　上策： 邀她一起外出去做有意义的事或休闲活动。

3.妻子唠叨，神经紧张，容易激怒。

　　下策： 叫她"闭嘴、安静"。

　　中策： 她烦躁易怒时保持镇定、耐心、温柔。

　　上策： 了解她有什么困难，帮助她解决她的问题。

4.妻子在公共场合羞辱你，不给你面子。

　　下策： 演出"全武行"，或是当众要她闭嘴。

　　中策： 替自己找个台阶下，秋后算账。

　　上策： 事后私下问她对自己有什么不满意的地方。倾听，约法三章，以后若有什么怨怒，两人私处时交谈，绝不在大庭广众给对方难堪。

5.她大把花钱购物，用信用卡大量赊账。

  下策：“你这个败家妇，你以为我们是开银行的啊！”

  中策：把她的信用卡停掉，银行户头分开。

  上策：跟她一起作几个月的财务计划，比较收入与支出，作适
      当的家计预算，让她明白作财务好管家的责任。

6.她整天没精打采，不想见任何人。

  下策：激励她振作起来，别自艾自怜，自暴自弃。

  中策：劝她去看心理医生。

  上策：带她去参加有趣的团队活动，鼓励她作义工。

7.她要分床、分房睡。

  下策：“你要干嘛？分居、离婚？”

  中策：“我们去找婚姻专家协谈。”

  上策：请她说明她是怎么想的，了解她，试着解决问题。

腐化婚姻
的四种
致命毒素

圣坛上摇曳的烛光，走道上洁白的地毯，穿戴整齐的亲友们诚恳的祝福，牧师虔敬的祷告，讲台上的花篮，管风琴所奏的优雅音乐，玫瑰镶筑的爱之拱门，闪耀的钻戒所见证的誓言，这一切所描绘的仙境，衬托出新娘爱之眼神，柔情似水；新郎的脸颊笑意，情意浓蜜。亲爱的新郎、新娘，你以为你活在人间天堂。

事实上，美国有百分之五十的婚姻以离异划上句点。台湾地区也有将近百分之二十的家庭破裂。白雪公主和白马王子的梦境，很快就被苦涩的滋味唤醒。现在，婚姻专家说，经过二十多年的研究，他们可以相当准确地预测哪些婚姻会失败。这些心理医生和心理学家作了长期的个案分析，发现那些失败的婚姻拥有某种共同的模式。这些专家强调此项研究是科学化的，其预测准确度高达百分之八十。

腐化婚姻的毒素主要有下列四种：

1.恼人的琐事：

小事情，就像书桌上的灰尘、衣服的折叠方式、小孩的教育方法、给父母的生活费、开车的风格、洗脸槽里的头发、空调的定温……琐琐碎碎的小事，堆积成长存的负面情绪，逐渐腐蚀了情趣，淡化了情意，扼杀了誓约。

小事可以日积月累，化成婚姻的毒瘤。

2.身心的虐待：

暴力、打架、动粗是婚姻解体的前奏曲。

咒骂、侮辱、轻视会在配偶心中刻下深远的伤害。

估计有一半以上的婚姻牵扯某一种程度的身心虐待。

琐事不能建设性地解决，日子久了，夫妻双方将失去努力改善的意愿。

暴力则将对方的心理推入恐惧与绝望的深谷。

3.差劲的沟通：

佳偶与怨偶都会有意见相左的时刻。大部分的夫妇都有过交火的经验，你一句、我一句的针锋相对。佳偶懂得在两三个回合的攻势后，建设性地将舌战导入解决冲突的谈话。怨偶则交手十几回合，将争议升高为热战，各筑防卫自己的墙垣，至终演变成心理上不可能攀越的万里长城。

4. 脆弱的父家：

婚后妻子若维持与亲生父母良好的关系，婚姻较可能成功。如果妻子来自不幸的家庭，与父亲处不好，她婚姻幸福的可能性较低，因为她缺乏心理与处理人际关系的成熟度。丈夫若未能建立独立自主的新家庭单位，过分受父母的支配，婚姻失败的可能性大增，因为大部分妻子很难接受傀儡丈夫。

你们要追求与配偶和睦——
　　恐怕有毒根生出来扰乱你们。

起初创造的时候，
神造人是造男造女。
因此，人要离开父母，与妻子结合，
二人成为一体。
既然如此，
夫妻不再是两个人，
乃是一体的了。

爱情的花圃

3 章

祝福的天使

爱德华
的
故事

约拿单·爱德华（Jonathan Edwards）是个虔诚敬畏神的人，他继承了先辈的美好信仰。他的父亲是个传道人，他的外祖父是牧师。最美丽的是，爱德华把美好的信仰传给子子孙孙。

现在所追踪到的爱德华的子孙共有四百个。其中有

14位大学校长；

100位教授；

100位传道人、宣教士、神学教授；

100多位律师、法官；

60位医生；

其他有许多位作家、杂志编辑、工商业领袖。

17世纪中叶时爱德华结婚，他所留给子孙的祝福，所留给人类社会的祝福，一直延伸到20世纪。

一个敬爱神的人，所带给子孙的祝福，是不可限量的。

祝福
的
奇异能力

祝福携带着一种奇异的能力——它常常成为一种预言，
兑现在不久的将来。

"祝福成真"
的
六个步骤

"祝福成真"运作的原理如下：

1. 长辈有一种敏锐的直觉，能透视到当事人的气质、长处。
2. 在感动里，长辈为晚辈祝福。
3. 这祝福化成祈祷。
4. 当事人相信祝福的内容，建立新的自我形象、自我观、自信心和自我肯定。
5. 他的思想、言语、行为逐渐调整，符合这个新的自我形象。
6. 他的努力最终兑现了"祝福"所预言的。

> 爱俄华州的一位小学老师，把他班上的学生分成两组，一组是蓝色眼睛的，另一组是棕色眼睛的。有一次他把蓝色眼睛的孩子安排在前面，棕色眼睛的孩子坐在后边。当天不断重复地向蓝眼学生说，你们的算术能力很强，棕眼学生根本不能跟你们比。果然，当天的算术成绩，蓝眼学生远胜棕眼学生的表现。
>
> 第二天老师把座位反过来，让棕色眼睛的孩子坐在前面，蓝眼学生坐后边。当天反复向棕眼学生强调说，你们的文法、作文能力很优秀，是蓝眼学生望尘莫及的。当天的英文成绩，果然棕眼学生远比蓝眼学生优异。

学生接受老师的暗示（祝福或诅咒），形成了正面或负面的自我形象，他们的表现自始至终吻合他们所自我期许的。

儿女从小接受父母的暗示（祝福或诅咒），他们极可能成为父母所预言的。

爱他，就是祝福他。

爱他，就是肯定他。

"肯定"
的
威力

你所肯定的，会在生命中见证出来。
你所知道的，会在生活中表达出来。
你所相信的，会在行为中彰显出来。

健康
的
自我形象

一个人怎样看自己，他就成为怎样的人。

一个人知道自己是王子，他的言语行为就会像王子。
健康的自我形象，生发健全的自我提升。

自尊八福

　　盖洛普曾作了一次研究，调查美国人的自我形象与人格行为的关系。研究结果收录在舒勒所著的《自我评估：新的革命》一书里。该书发现一个拥有健康自我形象的人，会展现下列八项美好品质——

　　1.他们道德水准较高尚。

　　2.他们关爱家庭。

　　3.他们人际关系较佳。

　　4.他们以人际关系完美为荣，而不以物质丰富为成功。

　　5.他们在工作上较称职。

　　6.他们较少药物上瘾。

　　7.他们为社会付出较多关怀。

　　8.他们捐钱给慈善机构较慷慨。

天使的话语

父母可以是儿女祝福的天使，
也可以是儿女诅咒的魔鬼。

父母骂儿女**笨蛋**，他最终成为**笨蛋**。
父母骂儿女**没出息**，他最终成为**没出息**。
父母骂儿女**顽固**，他最终成为**顽固**。
父母骂儿女**懒鬼**，他最终成为**懒鬼**。
父母骂儿女**寄生虫**，他最终成为**寄生虫**。
父母骂儿女**好吃懒做**，他最终成为**好吃懒做**。
父母骂儿女**优柔寡断**，他最终成为**优柔寡断**。

父母称赞儿女**能干**，他很可能变得**能干**。
父母称赞儿女**精明**，他很可能变得**精明**。
父母称赞儿女**有爱心**，他很可能变得**有爱心**。
父母称赞儿女**肯努力**，他很可能变得**肯努力**。
父母称赞儿女**会做人**，他很可能变得**会做人**。
父母称赞儿女**意志坚强**，他很可能变得**意志坚强**。
父母称赞儿女**富有创意**，他很可能变得**富有创意**。

凡事说造就儿女的好话。

不可诅咒
只要祝福

不要说	要说
你怎么那样懒惰。	你努力些可以做得更好。
你怎么那么会捣蛋。	你的聪明可以用在适当的地方。
你怎么那么笨。	找到了诀窍你会进步。
你真是败事有余。	成功之路还需花点力气寻找。
你是骗子。	你所讲的不是事实。
你真是自私。	你可以试着为别人着想。
你真是顽固。	别人的意见常有可借鉴之处。
你真是浪费时间。	你可以更有智慧地运用时间。
你真是人见人怕。	你可以与别人处得更好。
你怎么那么爱表现。	你需要别人的注意。
你真是长舌妇。	你讲话可以精简一些。
你真是没出息。	你从别的角度去找自己的长处。
你的脾气真暴躁。	你可以控制你的情绪。
你是个胆小鬼。	勇气是需经锻炼的美德。
你真讨厌。	你不那样做我会高兴。

不可诅咒，只要祝福。

凡骂儿女是笨蛋的，家庭会变成地狱。

推动
摇篮的手
改造
世界的手

一个享有**拥抱**的孩子，发展出**可爱**的人际关系。

一个享有**称赞**的孩子，发展出**正面**的个性人格。

一个享有**肯定**的孩子，发展出**乐观**的思想模式。

一个享有**供应**的孩子，发展出**正确**的生活理念。

一个享有**欣赏**的孩子，发展出**健康**的自我形象。

一个享有**聆听**的孩子，发展出**进取**的人生态度。

一个享有**饶恕**的孩子，发展出**稳定**的精神情绪。

一个享有**接纳**的孩子，发展出**积极**的自我肯定。

拥有**可爱**的人际关系的人，不必浪费心神去对抗敌人的暗箭，

拥有**正面**的个性人格的人，不必浪费时间去处理内心的挣扎，

拥有**乐观**的思想模式的人，不必浪费精神去对付情绪的起伏，

拥有**正确**的生活理念的人，不必浪费心思去尝试说服自己，

拥有**健康**的自我形象的人，不必浪费心力去在乎批评的论断，

拥有**进取**的人生态度的人，不必浪费力气去担心未来的风雨，

拥有**稳定**的精神情绪的人，不必浪费资源去医治自谴自责，

拥有**积极**的自我肯定的人，不必浪费精力去寻找外在的肯定。

他有较大的机会集中精神去开创自己的前途。

他有较大的机会来开发自己的创造力。

他有较大的机会专心致志地完成有意义的工作。

他有较大的机会健全人格，愉悦生活。

他有较大的机会来冲破险阻，达成目标。

他有较大的机会以行动来拓展机运。

他有较大的机会来发展出自我的潜力。

他有较大的机会来掌握自己的方向。

祝福的天使

4 章

成长的喜悦

鸳鸯的族谱

普天下的夫妇可以划分成四大类——

第一类夫妇 要求对方：

丈夫对妻子说：你要顺服我。

妻子对丈夫说：你要爱我。

第二类夫妇 勉励自己：

丈夫对自己说：我要追求更有领导能力，使我的妻子顺服起来不难，这是爱她的具体表现。

妻子对自己说：我要追求更可爱，使我的丈夫爱起来容易，这是顺服的最佳诠释。

第三类夫妇 帮助对方：

丈夫发现妻子有哪些方面不可爱，就帮助她改善得可爱，这样爱起来自然不难，这种爱火候纯熟。

妻子发现丈夫有哪些方面缺乏领导能力，就帮助他改善领导能力，这样顺服起来自然容易，这种顺服老练纯净。

第四类夫妇 接受对方：

丈夫了解妻子有某些方面不可能改变，仍然完全接纳她，这是爱的极致。

妻子了解丈夫有某些方面不可能改善，仍然完全接纳他，这是顺服的颠峰。

第一类是 **自私夫妇**。他们的语法是：你若不……我就……

第二类是 **律己夫妇**。他们的想法是：我若……他就……

第三类是 **恩爱夫妇**。他们的办法是：我若……他就……我自然
                                                                    ……

第四类是 **忘我夫妇**。他们的心法是：你即使不……我仍然……

从第一类跃入第二类，需要**谦卑和意志**。

从第二类跃入第三类，需要**智慧和耐性**。

从第三类跃入第四类，需要**恩典和舍己**。

成长就是从第一类，提升到第二类，蜕变到第三类，

                                    跳跃到第四类。

改变对方
最短的路：
改变自己

我不为我有一个好妻子祈求，

我为我的妻子能有一个好丈夫而祷告，

因为当我的妻子有一个好丈夫，

我很自然会有一个好妻子。

——佚名

花招百出

孩子们有多聪明?
比初为人父者所能想像的,远胜一筹。
当然,孩子们的玩意儿,不必太当真。
但了解一点他们的点子,父母胜算较大。

· 声东击西计:老师说,明天远足可以多喝汽水。
　　　　　　其实他就是爱喝汽水。

· 夹缝生存术:寻找父母亲意见不同的缝隙,来得到所要的。
　　　　　　"妈妈说,我可以看五点半的卡通片。"

· 呼天唤地计:初生的几个月,以哭闹来取得注意。
　　　　　　一哭就抱的父母,哈哈,中计。抱得起放不下。

· 迂回求救术:"爷爷,给我一块钱买甘蔗。"
　　　　　　向爸爸要不到,向慈爱的爷爷容易要到。

· 逢迎巴结计:"哥哥功课还没做完,就去玩弹珠。"
　　　　　　以替父母作眼线来表达忠诚。

· 考验司法术:他们会考验父母执行家规的松紧度。
　　　　　　"明天有考试,今天钢琴可不可以只练半小时?"

———————————————————————————:

(你们家的孩子,百宝箱中总还有一条妙计)

成长就是今天比昨天更知道怎样引导孩子走上正路。

天下父母最容易犯的八种错误

不会错，是神。会错，是人。

第一次做，常常会错。

人知道人会错，所以有橡皮擦。

儿女是第一次做人儿女，常常会错，父母要原谅儿女。

父母是第一次为人父母，常常会错，儿女要原谅父母。

父母所可能犯的错误有下列几种——

1.**心态上**：将自己没完成的心愿，投射到儿女身上。

　　　　　　期待他们去完成，带给儿女很大的心理压力。

2.**时间上**：等我们事业有基础了，我们就花时间陪孩子。

　　　　　　事实上孩子最需要父母的时候，是小的时候。

　　　　　　等到父母愿意花时间陪孩子时，

　　　　　　可惜，孩子已经不想要父母陪了。（青少年的特征）

3.**关系上**：父母偏爱儿女中的一个。因为有的比较惹人怜爱，有的只会制造麻烦。

　　　　　　被偏爱的，会被误导，以为爱总是有条件的。

　　　　　　被偏弃的，形成低落的自我形象，丧失自信。

4.**管教上**：平常不说明家规，等到发怒时突然管教。

　　　　　　若平时不常有关爱，子女会把父母看作暴君。

　　　　　　亲子产生心理障碍，沟通逐渐困难。

5.角色上： 教养小孩主要是母亲的责任。

事实上父亲的角色在儿女人格成长的过程中，居重要地位。未参与儿女心灵建设的父亲，放弃了天赋父权。

6.沟通上： 所使用的语言，带着破坏性，而不是建设性。

7.教育上： 父母为儿女创造最好的机会，要他们学芭蕾、学琴、学游泳、学柔道，恨铁不成钢。

要求过多，儿女反而倒足胃口。

8.调适上： 儿女成长历经婴孩、孩童、少年、青少年、青春期等不同阶段。父母未能照不同阶段，调整与儿女的互动形式。把带孩童的那一套加在青少年身上，会有什么后果？

成长就是从过去的错误、别人的错误中，吸取教训。

家庭，
成长_的沃土

圣人说，婚姻是一种机会。一种
长寿的机会：亲慈子孝所带来的喜悦是长寿的保单。
进步的机会：教养儿女是认识人性的最佳催化剂。
感恩的机会：婚姻让我们了解，原来爱是一项高难度的动作，促
　　　　　　　使我们更感激无条件的爱。

用这种眼光看婚姻，家庭可以成为一个人成长的最佳沃土——

· **认识异性的机会**：男女在思想、情绪、感受上的差异，使夫妇的
　　　　　　　生活更丰富化，更加多彩多姿。
· **学习合作的机会**：夫妇的长处彼此可以互补。两个人合作的效
　　　　　　　果大于两个个体效果的和。
· **接受熏陶的机会**：婚姻的亲密性改变了我的气质，我配偶的乐
　　　　　　　观、进取、温柔，改造了原本悲观、退缩、急躁的我。
· **了解自己的机会**：家庭生活是一面忠实的镜子，照出我的本
　　　　　　　相，现在我知道我是个……的人，还有很多缺点尚待
　　　　　　　克服。
· **体验人生的机会**：哦，婚姻原来是欢笑与眼泪、责任与权利、
　　　　　　　吵架与和解、批评与鼓励、付出与回报所构筑的。我学到
　　　　　　　了从日常生活琐事看见非凡生命情趣的秘诀。
· **肯定救恩的机会**：养儿方知父母恩。自从生养孩子以后，我开
　　　　　　　始领悟到从前父母为我付出何等昂贵的代价。
· **操练领导的机会**：带领两个十来岁的青少年，所习得的技巧，
　　　　　　　有助于管理公司里的二十个员工。
· **培养创意的机会**：为千篇一律的家居生活注入一点新鲜的活
　　　　　　　力，引动了我创意的潜能。
· **理解人性的机会**：我已经摸清对方的脾气，什么时候可能有低气

压，什么原因造成的，察颜观色就可以晓得。并且我也找到了舒解的有效方法。

- **提升爱心的机会**：我发现每个人都是个"我"，想要改变对方的个性是不容易的，也会带给对方太大的压力。我逐渐学到接受对方、欣赏对方的秘诀。
- **领悟天恩的机会**：原来放弃自己的意见有这么难，而圣者却可为天下牺牲自己。
- **培训技巧的机会**：我现在才知道斗嘴却不伤感情是可能的。化解歧见是有窍门的。
- **处理冲突的机会**：从前我俩意见不同时，总要通过说理、对抗来决定输赢。现在我发现改变对方的方法，不在于说理、对抗，我找到了双方都赢的门路。
- **演练沟通的机会**：倾听的耳与建设的舌，在互动的过程中，如何运用得恰到好处，是需要长期琢磨的智慧。
- **净化灵性的机会**：在配偶的爱心修正之下，灵魂逐渐在我内心深处完成去芜存菁的工作。

> 丧失机会的是愚拙人；
> 抓住机会的是普通人；
> 创造机会的是聪明人。

第05章

栽培手记

婴孩，
神奇的活物

座落在俄班那（Urbana）的伊利诺大学婴儿智力实验室（Infant Cognition Lab），装置了录像机、跑表、电脑等现代化设备，研究婴儿的智力发展。工作人员每星期分十三班，全年共进行了一千二百到一千四百个测量。他们想探索婴孩对数学、物理、语言的理解。实验的设计包括婴孩如何认知团体、重力、空间位置、物体运动路线和其他的数理原则。他们在探讨人类心智的起源。

婴儿三个月大时，就知道物体没任何支持，不可能悬浮于空中。六个月大时，他们理解到必须有足够的支持力，否则物体仍会掉落。一岁时他们领悟到物体与空间的关连性：他们知道物体受撞击会移动；物体虽然离开视线，它仍继续存在；你一松手，物体就掉下；不可能把一个大的物体塞进一个小洞里。

研究员相信，如果婴儿有父母、祖父母、兄弟姐妹的疼爱与激发，他们就会建立自信、自尊，以致有足够的信心去探索他们的世界。相反，如果婴儿被虐待、被忽略、缺乏刺激与启发，他们的心智在幼年未曾充分发展，较可能成为有暴力倾向和学习障碍的问题人物。他们较可能成绩差、不负责任、缺乏技能、就业困难、无法融入社会主流。

幼年时期所得到的激发，在某个程度上决定了一个人智力的发展。

很多人相信语言、
　　　　钢琴琴艺、
　　　　　　下棋，
越早学习越好。

为什么呢？

可塑性
的
黄金时期

初生婴孩的体重只占他成人时体重的百分之四至八，但他的脑重却是成人时的百分之二十五。原来在母胎内，神经原（Neuron，传递信息的脑细胞）的增殖速度比其他组织快。怀孕期间的婴儿每分钟约增加二十五万脑细胞。

芝加哥大学的神经生物学家哈坦洛车（Dr. Peter Huttenlocher）检视所解剖的胎儿、婴孩、老人脑部的神经键，发现在怀孕期间和一岁以内，婴孩脑部神经键大量增殖。神经键（Synapse）是脑细胞之间传递信息的连接线。

通常成人的脑约有一千亿个神经原，每个神经原脑细胞约有五千至五万条神经键，与其他脑细胞连接，构成脑的神经网络。所以平常人的脑有一百万亿个连接点。以电脑的能力来类比，人脑约等于一部涵盖全德州一百层楼高的电脑。

幼童时期是一个人一生中的黄金时期，脑中的神经网络组成万千通路。脑细胞通过这些通路"谈话"——发射电子和化学脉冲，彼此沟通。常用的通路变得活跃，不用的通路逐渐萎缩，正像森林中的小径一样，只有常用的路留存下来。到了十二岁时成形，此后脑没有生理上的大变化。

此段时期的激发，塑造了一个人的观察力、记忆力、储存与处理能力，决定了语言、手脚的灵活度、音乐性向、视觉敏锐度、数理推演能力，人格、性情。

在孩子可塑性最高的时期，要激发他的开拓潜能。

教养孩童走当行的路，就是到老他也不偏离。

莫扎特
和
脑皮质

你想要你的孩子聪慧一些吗？给他听莫扎特。

加州大学尔湾（Irvine）分校的神经生物学中心，做了个实验，给36个大学生听莫扎特的D大调双钢琴奏鸣曲十分钟，然后给他们作智商测验，所测量到的智商提高了9分。此项研究发表在《自然》（Nature）杂志上。

这一现象尚未获得一致的结论。研究人员猜测说，古典音乐可能激发了脑皮质的活动，以致加强了听者的抽象思考能力。他们认为古典音乐的复杂结构，整备了某一部分的大脑，为它做好暖身运动，可以更有效率地工作。

此效率大约持续了十五分钟。过了这段时间，学生智商恢复到平常水平。尔湾分校的萧戈登教授（Gordon Shaw）说："莫扎特不可能使你永远聪明，他的音乐可能激发脑力的活动量。"

如果你能演出音乐，效果更好！

让音乐成为家庭活动的一部分吧！

先天和后天
的
组合

1995年2月3日出版的《科学期刊》（*Journal Science*），刊登了一篇有关"完美音感"（Perfect Pitch）的研究报告。波士顿市贝斯·以色列医院的研究员舒勒，使用磁振影像技术，拍摄了三十名音乐家和三十位非音乐家的脑部图像。

完美音感是一种辨识音符的能力。有此能力的音乐家，不须调性参考音，即可辨认某一音符的绝对位置。舒勒说，有完美音感的音乐家，其脑部左侧有一扩大的构造，他们的扁颞部（Planum Temporale）较常人发达。这是第一个系统地将脑部结构和艺术天分连在一起的研究。舒勒发现有完美音感的十一位音乐家，其左脑的扁颞部比右脑的扁颞部大百分之四十。没有完美音感的音乐家，其左脑的扁颞部只稍大一些。而三十名非音乐家，左右脑的扁颞部只有一点不对称。

舒勒说，从其他的研究获知，也有人左脑扁颞部较大，但他们不是音乐家，从未接触过音乐。这显示音乐的天才是"先天的恩赐和后天的训练"结合而成的。而且，即使拥有音乐天赋，也必须及早锻炼恩赐。"有证据显示，有完美音感者，需在七岁前接触音乐，如果在十岁以后才接触音乐，发展出完美音感的可能性微乎其微。"

以上这三篇短文所启示的信息，指出父母祝福儿女的四个有效途径：

· 相信儿女，天生其才必有用。

· 从小教育儿女敬畏生命。

· 从小给他层面广泛的激发（Stimulation），以发展他的才能。

· 爱他、激发他，他会成为肯上进、负责任的社会中坚。

给孩童最好的二十种礼物

- 常和婴儿谈话，他会学到母语。
- 为他营造一个安全、充满爱的环境，他会体验到自尊、信心。
- 供应均衡的营养，培养他组织、器官、心智的健康基础。
- 就寝前听父母念床边故事，建立感情和锻炼语言能力。
- 让他听古典音乐，锻炼他感受音乐。
- 教他简单的短诗，训练他心、耳、口的协调。
- 教他背诵简单的诗篇，强化他的记忆力。
- 三至五岁可送到幼儿园接受启蒙。
- 教他学习感恩。
- 买故事录音带，播放给他听，锻炼其想像能力。
- 购买玩具给小孩玩，培养他眼、耳、心、脚的配合。
- 玩简单拼图，训练空间结构观察力。
- 陪小孩子玩游戏，学习思考与判断。
- 全家假日出游或参观动物园，增强家庭向心力及孩子的好奇心。
- 每星期约三次，每次三十分钟看外语电视节目，感受第二外语的音韵。
- 听他讲话，鼓励他讲话，锻炼他的表达能力。
- 带他拜访祖父母、表兄妹，建立广泛的人际关系。
- 早上定时起床，晚上定时就寝，培养纪律。
- 看图识字，训练他的抽象思考能力。
- 让他体会父母对他无条件的爱心。

童权宣言

爸爸、妈妈：

☐ **我的手比你的小**。请勿期待我折被、叠床单、扫地、画图做得像你一样完美。

☐ **我的眼没见过你所见过的世面**。请尊重我的好奇，允许我在安全的范围内探险。

☐ **我的脚比你的短**。请放慢你的脚步，好让我可以跟得上。

☐ **我的耳尚未老练**。如果我还会听信谣言，尚未能分辨鼓励或谄媚，请耐心教导我洞察力的锻炼。

☐ **我的情绪未臻成熟**。如果我有失控的时刻，请了解主要是因为在困难的处境当中，我不知道怎么处理。

☐ **我的年纪尚轻**。连我自己都不了解自己，更谈不上了解这个复杂的社会。请饶恕我的过错，耐心地等候我的成熟。

☐ **我的心智尚未充分开发**。请大胆地允许我失败，好让我从错误的痛楚中吸取宝贵的教训。

☐ **我的经验仍然幼嫩**。请勿拿我和哥哥、姐姐比。不要替我做功课，不要替我收拾烂摊子，挣扎于我有益。

☐ **我的人格仍脆弱**。鼓励比批评更能帮助我成长。如果你觉得我需要提醒，请记得批评那件事，而不是批评我这个人。

让你的孩子
做个孩子

你想要你儿子将来荣获诺贝尔奖？有个办法，在他襁褓中就教他物理。你想要你的女儿勇夺五块奥运游泳金牌？有个办法，在她还不会走路之前，先教她学游泳。美国历史上第一个试管运动员，就是这样精雕细琢而成的。

马陶德（Todd Marinovich）是美国历史上最杰出的高中足球四分卫。传球九点九一四码，稳占历史鳌头。运动书刊杂志还专栏报道了这位明日超级巨星。有一百个以上的大学追逐他。他高中最后一年的传球码数，胜过当代足球巨星中学时代的成绩。

塑造一个巨星的程序嘛，客官，坐稳了，吸口气，听我道来。

· 六尺四寸半，二百一十二磅的马陶德从来不吃麦当劳。他去同学的生日宴会时会自备蛋糕和冰淇淋，以避免糖和精制面粉。他所吃的番茄汁是渗蜜自制的。

· 他只吃未打荷尔蒙的牛肉。

· 马陶德一个月大时，爸爸马夫（Marv）就替他拉筋，再来是仰卧起坐，还不会走路就练习平衡杆。出生当天，摇篮里就放了一个足球。

· 马夫找了十三位专家来训练他儿子的速度、体能、弹性、爆发力、敏锐度、耐力。其中有一位专教传球，一位专司动作，一位心理学家照顾精神状态，一位训练视野的周延性。

· 1962年南加大的足球队长马夫，一心一意想把儿子塑成巨星。有一位电脑专家，研析了陶德的身形，发现他传球时，手比理想的形式低了四点五三寸，陶德正在努力改善。

· 与马夫结婚了24年的特努蒂（Trudi）终致仳离。父子两人如今住在一间公寓里。儿子睡卧房，父亲睡客厅。有一个友人说，马夫牺牲了一切——事业、家庭，就是为了陶德。

马夫说："看起来我像个暴君。成功本来就需要如此的纪律。我承认这是狂热，不狂热可能成功吗？"后来他加了一句："不过，也许我真的过分了。"

炼铁成钢的代价是巨大的。不只是父母付出的代价，更可怜的是儿女赔上的代价——

在童年时，就失去了童趣。
在小孩时，就被迫做大人。
别人玩耍时，他得学习。
别人开怀畅饮时，他得吞食实验室调制的丸子。
有道是：

> 凡事都有定期，天下万务都有定时。

人类的生理、心理有它的时间表。让你的孩子做个孩子吧！

你还在羡慕别人的儿子十四岁大学毕业？
你还想女儿三岁就练琴，做个将来的莫扎特？

先坐下来，计算一下代价。

璞玉待君琢

哈佛大学的葛纳教授（Howard Gardner）深信每一个孩童都拥有某种才能。他说我们常问错了问题："我的孩子有多聪明？"其实我们应当问："我的孩子在哪些方面聪明？"

· 每个人都是独一无二的。

· 每个人都有恩赐的才干。

· 每个人都事奉贡献。

葛纳进一步把人类的才能分成七类——
1.音乐：作曲、演奏、歌唱、指挥等。

2.空间、视觉：美术、绘画、雕刻、塑像等。

3.体能、运动：球类、田径、搏击、游泳等。

4.数理、逻辑：思想、理解、扮演等。

5.语言：演说、修辞、文学等。

6.人际关系：领导、合作、宣传等。

7.内涵：哲思、创意、真知睿见等。

你可以帮助你的孩子发掘他（她）的天赋，锻炼他的能力，运用他的才干，带给他自我肯定、自信心和自我努力的热诚。你的鼓励会成为他一生中最大的祝福。下面的分类法将人类才能重新归类成五项，你的孩子可能拥有其中两项才能，一项主要才能，一项次要才能。你可以帮助他了解自己。

Ⅰ. 学术才能

· 在他有兴趣的领域取得优异成绩。

· 在特殊领域研读深广。

· 有追根究底的精神。

· 有处理大量信息的能力。

· 理解力甚佳。

· 记忆力强。

· 喜欢泡图书馆。

Ⅲ. 领导才能

· 喜欢凡事组织化。

· 充满自信。

· 拥有准确的判断力。

· 富责任感。

· 被同辈所拥戴。

· 因果关系一目了然。

· 语言表达流利。

· 现在就预见事物未来的发展。

· 有说服力。

Ⅱ. 智力才能

· 观察力强。

· 学习快速。

· 擅长抽象思考。

· 词汇比常人丰富。

· 热衷于新主意。

· 常问为什么，怎么做。

· 具有独立的学习能力。

· 喜欢提出原理或假设。

· 注意力集中。

Ⅳ. 创意才能

· 独立思考的能力。

· 富幽默感。

· 常不循常规，突破传统。

· 想像力飞腾。

· 言语或文字表达甚佳。

· 与众不同仍觉自在。

· 资源丰富。

· 会捕捉灵感。

Ⅴ. 艺术才能

· 协调能力甚佳。

· 擅长以美术、舞蹈、戏剧、音乐来表达感受、思想及情绪。

· 感受敏锐。

· 富弹性。

· 创造力强，想像力奔放。

· 喜欢独树一帜。

引导你的孩子发现自己，肯定自己，实现自己，他（她）会成为你一生中的喜乐。帮助他寻找到自我，请陪伴他走过这八个阶梯——

1. 引导他相信自己。

2. 允许他多方面尝试自己的兴趣才能。

3. 协助他发现自己的优点长处。

4. 称赞他的成就，建立他的自我肯定。

5. 指导他作某些研究计划、创作计划。

6. 给他提供机会，接受训练。

7. 培养他的责任感及自信心。

8. 鼓励他贡献他的长处，以帮助其他人。

儿女独立之前，先培养这些品质

雏鹰迟早会长成老鹰。

母鹰不可能永远把子鹰拘扣在巢里。它有权翱翔于广阔的蓝天，它有权享受自己觅食的乐趣，它有权寻找自己的伙伴，它有权建立自己的家。在它羽毛丰满到可以单飞之前，母鹰若能培养出子鹰拥有下列品质，就可以放心百倍。

1. 正确的**道德**观念。
2. 珍惜**教育**。
3. 尊重**权威、法律**。
4. 养成好**习惯**。
5. 设计**交友**的原则，对象的品质。
6. 使用**金钱**负责任的态度。
7. **不吸毒、不乱交**。
8. 正确的**思考模式**与判断力。
9. 会替**别人**设想。
10. 珍惜**父母**的智慧，必要时愿意寻求双亲辅导。
11. 相信在任何情况下，父母都会**接纳**他。

第 06 章

角色

亲恩五作

想塑儿女成为美丽的作品吗？

| 有健康的人格 |
| 有稳定的情绪 |
| 有正确的思想 |
| 有美善的道德 |
| 有良好的个性 |
| 有正当的行为 |
| 有活泼的灵性 |

父母必须扮演多重角色——

作为**双亲**：养育、保护、供应。
作为**导师**：教导、启发。
作为**玩伴**：游戏、休闲、运动。
作为**朋友**：分享、鼓励、倾听、支持。
作为**教练**：实习、操作。

传统华人的文化模式中，父母在双亲和导师的角色上考得高分。在玩伴的角色上，近年很有进步。作为儿女的朋友和教练这两项，仍有待努力。

儿女成长过程中，人格的均衡发展，需要这五种关系的互动，才能塑成健全的人格。缺乏其中几项，会使儿女生命单调化、偏激化。比如，父母只习惯作双亲，忽略作儿女无话不谈的好友，管教起来又十分严厉，至终儿女敬父母而远之，不敢亲近。

作为**双亲**，加上公义与慈爱的均衡调和；
作为**导师**，加上律法与恩典的均衡调教；
作为**玩伴**，加上传统与创意的均衡调味；
作为**朋友**，加上依靠与独立的均衡调理；
作为**教练**，加上约束与自由的均衡调养；

儿女会成为父母的荣耀，上天的杰作。

婚姻的难题是——

我们跟一个浪漫的人谈恋爱，
却必须跟一个有个性的人生活。

棣彼得（Peter Devries）

福哉，斯夫

做朋友的好朋友的人有福了，他营造了解而不是误会，他引进阳光而不是乌云，他创造希望而不是失望。

负责任的一家之主有福了，他的妻子必不缺乏生活供应，他的儿女必不忧愁教育经费。

守法的公民有福了，公义和公正使邦国安定。

忠贞的丈夫有福了，他的妻子在众人中间挺身昂首。他的爱情使妻子欢愉。

殷勤的员工有福了，他的上司依靠他必不羞愧。

智慧的父亲有福了，他的儿女珍惜他的倾听，尊重他富有真知睿见的辅导。

做邻居的好邻居的人有福了，他的参与富化了社区的活力。

孝顺的儿子有福了，他的父母说："我们以你为荣。"

致双亲书

1. **别宠坏我**——我知道我不该骄纵，我只是考考你们。

2. **别怕站住立场**——那使我觉得安全。

3. **别纵容我养成坏习惯**——在它形成的初期较容易阻止它。

4. **别说我还小**——我只好装成大人。

5. **别在人前管教我**——私底下我比较容易接受教育。

6. **别每次把我的错误说成是罪**——小孩总是会把手弄脏的。

7. **别替我善后**——我需要从苦果中学习责任感。

8. **别大惊小怪于我的越轨**——人偶尔都会跨越常理。

9. **别太注意我的捣蛋**——那"注意力"正中我怀。

10. **别唠叨**——那迫使我装成耳聋。

11. **别抱怨我不够准确**——我的表达能力本来就未臻完美。

12. **别阻止我发问**——我只好转求外人的帮助。

13. **别前后不一致**——我会感到困惑，对你失去信心。

14. **别说我的恐惧是莫须有**——它们对我是真实的。

15. **别忘记我长大得很快**——尽量照我的成熟度对待我。

——佚名

成功
的
父母之画像

请青少年来画像，为他们心目中的理想父母画像，这人一笔，那人一画，雕个模范佳亲，将会是怎样的一幅肖像？如果作父母的拥有下列品质，十全十美，那么得奥斯卡奖有望。

1. 乐意倾听，然后才表达意见。避免在了解真相之前就下结论。有技巧地"沟通"，而不是一味"说教"。

2. 欢迎并尊敬儿女的朋友，他们关心儿女的交友，但不唠叨；表达对所交朋友的意见，但不进行人身攻击。

3. 根据儿女的人格和成熟度而设定要求标准。绝不拿儿女相比，或与别人的儿女相比。

4. 参加儿女学校的活动：家长会、比赛、演出……

5. 家规之执行，对儿子、女儿一视同仁，无差别待遇。

6. 合理的保护，不会过分严厉，也不过分宽松。

7. 错了，肯道歉。

8. 个性随和。即使与儿女意见相左，也不红脸粗脖地叫骂。

9. 了解之心。他们知道作孩子是怎么回事。

10. 富幽默感。与儿女共创喜乐人生。

够不上标准？别灰心！完美双亲无处觅。
下决心努力？好志气！上天祝福有心人！

一个父亲 的 祝福

我要塑造我的儿子，
使他坚强到能认识自己的软弱；
勇敢到能面对惧怕；
使他成为一个败不馁、胜不骄的人。
恳求雕塑我的儿子，使他不致空有幻想而缺乏行动，引导他认识
你，同时又知道，认识自己乃是真知识的基石。
我要，
引导他不求安逸、舒适，
相反的，经过压力、艰难和挑战，
学习在风暴中挺身站立，学会怜恤那些在重压下失败的人。
我塑造我的儿子，
心地纯洁，目标远大，
使他在指挥别人之前先懂得驾驭自己，
永不忘记过去的教训，
又能伸展未来的理想。
当他拥有以上的一切，
我还要，
恳求赐他足够的幽默感，
使他能认真严肃，却不致过分苛求自己。
恳求赐他谦卑，
使他永远记牢，
真伟大中的平凡，
真智慧中的开明，
真勇力中的温柔，
如此，我这作父亲的，
才敢低声说："我没有虚度此生。"

——麦可阿瑟

第 07 章

了解之钥

十大冲突区

过渡期是机会，也是危机。

从军政时期，过渡到宪政时期。

从独裁政体，过渡到民主政体。

从农业社会，过渡到工业社会。

从中央集权，过渡到地方分权。

从孩童，过渡到成年。

其路途是崎岖的，也是充满挑战的。

其过程是危险的，也是充满机会的。

从孩童过渡到成年这段青春期（西方文化界定为13~19岁，东方文化指13~22岁），对父母和儿女来说，都是一段崎岖的历程。双方都会经历焦虑、挣扎、冲突与矛盾。

父母对青少年儿女所经历的挣扎了解越多，越能有效地帮助儿女安度这一段尴尬期。儿女对父母所必经的历程越有了解，越能有效地与父母协商，获得更多自由，往自己所理想的方向移动。

下面这十个领域，父母与青少年之间常有冲突：

领域	儿女心态	父母想法
身分	我已经是青少年	仍是半大不小的孩子
家规	约束我的自由	保护你的安全
朋友	结交喜欢的朋友	担心结交不良青年
抉择	我有权做决定	判断力尚未成熟
金钱	花在我喜欢的地方	忧虑儿女用钱不当
学业	父母要我光宗耀祖	功课好你的前途就好
科系	我喜欢就好	该行业有没有好出路
衣饰	跟得上时代潮流	表达人格品味
音乐	节奏、旋律、活力	担心狂妄叛逆的音乐
自由	是一项权利	是一项责任，必须善用

难为了
天下父母

如果把青春看作一场成长的阵痛，那么，在这一场痛楚中，受苦较深的父母：

· 他们眼见儿女从以家庭为中心，转移到以外在世界为中心。

· 他们眷念从前儿女受照顾的日子，但又必须欢送儿女离巢远飞。

· 他们回忆从前儿女接受父母的话为权威，

· 如今老师、报纸、同学、电视的意见更有分量。

· 他们一方面盼望儿女独立，一方面担心儿女尚未成熟。

· 他们从前享受全家在一起的温馨，不久却要面对空巢的孤寂。

· 他们人生经验老练，但又必须允许生涩的儿女从失败中学习。

· 他们常被儿女误解是老顽固、老古董、死脑筋。

· 他们的想法、做法已经适应人生的法则，但儿女仍在摸索的阶段，常会遭到儿女的质疑、挑战。

如果儿女能稍微了解父母经历的痛楚，表达更多的敬重和感激，这一场青春期的挣扎，双方较可能平顺地安渡。

青春路上
的
六种矛盾情结

人类从孩童期过渡到成年期，必经的诸般矛盾：

孩童期	成年期
1. 依赖父母供应食物、衣服、居所、金钱……	1. 独立自主，经济上赚钱养活自己。
2. 人格尚未成熟、情绪不稳。	2. 成熟、稳定、前后一致。
3. 外在约束，不负责任。	3. 自我约束，必须负责任。
4. 接受父母的观念：价值观、道德观。	4. 发展自己的观念：价值观、道德观。
5. 身体的改变、成长。	5. 身体的定型、维持。
6. 接受教育、预备工作。	6. 开始工作、贡献智慧。

冲突矛盾

从孩童期过渡到成年期这半生不熟的尴尬青春期，青少年将会经历下列矛盾冲突：

1. 一方面不肯作父母的影子，	一方面又极需父母的辅导。
2. 一方面向往成人的自由，	一方面缺乏善用自由的智能。
3. 一方面身体渐趋成熟，	一方面情感仍然幼嫩。
4. 一方面不想作小孩子，	一方面够不上大人气。
5. 一方面依赖父母供应金钱、车子，	一方面想要运用金钱、车子的独立自主权。
6. 一方面嫌父母，	一方面爱父母。

了解儿女情结，就是成功了一半。

正确地解读青春期的七种尴尬

试着运用建设性的眼光，去理解儿女的尴尬期，父母更容易建立与儿女沟通的基础：

· 不是儿女蓄意背叛，　而是儿女寻找自我。
· 不是儿女大了不中留，而是儿女有情感上的需要。
· 不是儿女不爱父母，　而是儿女对大千世界好奇。
· 不是儿女不听父母，　而是儿女发展出自己的观念。
· 不是儿女不爱家人，　而是儿女忙着建立自己的天地。
· 不是儿女质疑父母，　而是儿女正在构筑自己的思想体系。
· 不是儿女挑战权威，　而是儿女渴望独立。

如果父母能够用这般体贴的眼光，来看儿女青春期的成长阵痛，冲突将可削减大半。这样了解的胸怀，会带给儿女安全感，赢得儿女的敬爱。用这个角度的解析来透视儿女的情结，也可以削减大半的忧心。

青少年争取
较多自由
的
秘诀

你想要父母同意你在朋友家过夜？

你想要十八岁就开车或骑摩托车？

你想要十六岁就跟异性朋友约会？

国有国法，家有家规。没有法规，将会是怎样的一种家国？太多规则，你觉得好像坐监牢，被约束得死死的。太少规则，你缺少保护与指标，你觉得好像是没有人关爱的孤儿。

你想要争取多一点自由？最要紧的，你必须先建立起父母对你的信任。他们最关切的是你的安全。如果你证明你懂得善用你的自由，你已经成熟到会保护自己的安全，你乐意遵守日常生活的法则，你负起自己当尽的责任，父母会给你多一点自由。

从下面这几件事建立你的信誉吧——

> · 学校的功课准时做完。
> · 保持房间的整洁。
> · 妥善地使用你的金钱。
> · 份内的家事做好。
> · 遵守家规。
> · 尽量维持好成绩。
> · 尊重父母的权威。
> · 跟父母建立良好的沟通。
> · 说话诚实。
> · 帮助兄弟姐妹。

你证明你配得到自由，
父母会给你更多自由。

教养儿女知多少

下列有关教养儿女的趣味测验，你认为对的，在框内打✓，错的打×。

☐ 1.怎样的家庭产生怎样的儿女。

☐ 2.儿女变坏，主要是父母的责任。

☐ 3.学琴的孩子不会变坏。

☐ 4.怀孕期间，母亲若常保持喜乐，孩子受了胎教，将来人品好。

☐ 5.孩子小的时候，不要给他学太多语言，否则他会搞混。

☐ 6.孩子哭闹，切忌抱他，要不然以后要人抱时，他就会哭闹。

☐ 7.不可体罚孩子，他会怀恨在心。

☐ 8.父母给儿女的约束越多，孩子越倾向反叛。

☐ 9.父母绝不可向儿女道歉，那会丧失父母的尊严。

1. 非　即使是同一家庭出来的孩子，人格品质也有很大差异。

2. 非　善良的父母也会生出不肖儿。

3. 大致对　学琴的孩子，心力时间有正当的投注对象，很少变成帮派分子，厮混街头。

4. 未知　一般相信，愉快的母亲，体内荷尔蒙的分泌会影响到腹中婴孩的个性取向。反之，愁苦的母亲亦然。

5. 非　孩童时期是学语言的黄金时期。能学越多越好。如果孩童学语言会混淆，那么成人学语言也会。

6. 不一定　孩子某一程度需要父母抱，才有安全感，情绪稳定。但一哭就抱，也会变成习惯。

7. 非　古语云：不忍用杖打儿子的，是恨恶他。（但体罚应有适当限制，某些国家法律视体罚为虐待）

8. 很难说　约束之恰当与否，以及孩子的个性，都会影响孩子对约束的反应。一般来说，适当的约束是好的。

9. 非　适当的道歉可以缩短亲子距离，医治内心伤痕。

老爸心事
谁人知

老爸的心事，儿子终于了解了。还不算太迟，只是晚了二十年而已。了解带来了饶恕；一小部分是儿子能够坦然地饶恕爸爸，一大部分是儿子请求老爸的饶恕。饶恕引进了医治，创伤得到了医治。

我们几个老友交情不错，在一家电信公司工作，周末打打球。所分享的人生经验，富化了彼此的眼界。老赵的故事特别触人心弦。

我18岁时，父亲有了外遇。当时我很震惊，也很气愤。找爸爸理论了几次，不得要领。有几次吵架声震屋瓦，还有两次，狠狠地跟爸爸打了一架。

我想，当时可能一方面是为了维护母亲，另一方面是保障家庭的安全。一个外来的女子，对我们家庭毫无贡献，怎么可以分享这家庭的一切！

现在事隔二十年，我也娶了妻子，生了小孩，年近不惑，快接近我父亲当年的年龄。最近我有一个经验，我终于了解了我的父亲。在一个初夏的午后，清爽的华氏八十度，正是日光浴最佳时节。我抬头一看，正望见家对面的绿色草坪上，躺着一条美人鱼，穿着比基尼泳装，悠闲地接受大自然的礼赞。我看她优美的线条，胸线的起伏，匀称的大腿，当时心跳加速，有一种莫名其妙的冲动。

我终于了解二十年前四十多岁的父亲，所面对的人生种种挑战。那是十八岁的我所不能了解的。我懊悔，我应该对爸爸更仁慈，更有一种了解之心……

老赵的故事，带给十几岁的青少年莫大的启示——你看不起老爸老妈？有些事超过了现在的你所能理解的！

何不对你的爸妈仁慈一些！

第 08 章

沟通的艺术

肢体语言

你可以通过语言表达自己。

你也可能不知不觉地，通过语气、表情、手势、姿态表达自己。

即使不开口，你也可能表达了强烈的信息。

下面十二种负面的动作语言，会引发不良的人际关系，应小心避免：

对方说话时大声打哈欠…… → 我对你的话题没有兴趣。

会话过程问一句答一句…… → 跟你谈话不太有意思。

别人打招呼时没反应…… → 你对我并不重要。

垂头坐在椅子上…… → 我被迫出席。

客人来访时继续看电视…… → 不要打扰我。

客人来访时跑去洗澡…… → 你是不受欢迎的。

别人讲话时经常看表…… → 你的话太长了。

父母叫时懒洋洋地回答…… → 你们不值得我尊敬。

听讲课时东张西望…… → 我不觉得我能从你那里学到什么。

经常穿着邋遢…… → 我既不尊重自己，也不尊重别人。

在餐桌前皱眉头…… → 你做的饮食我没胃口。

跟父母无话可谈…… → 我不认为你们能了解我。

一个人的动作，显示着他的本性。

触摸的奥秘

触摸是这位77岁老妇人的生命线。葛兰达躺在医院里，时而昏迷，时而清醒。支持她生存的力量，来自一个小小的肢体语言：她女儿手的触摸。她说："它带给我安全感、温暖和求生的意志力。"

一个母亲的拥抱，

一个队友的拍肩，

一个情人的爱抚，

一个父亲的牵手。

拥有安慰、鼓舞的能力。

现在，科学家发现，触摸可以做更多的事。它可以医治身体，也可以医治心灵。创立于1992年麦阿密大学的"触摸研究院"（The Touch Research Institute）发现，婴孩被抚摸：

会增加体重，

会睡得安稳，

会降低血压，

会增长自尊，

会精神抖擞，

会容易相处。

当婴孩缺乏抚摸时，他们人际关系技巧的发展较迟，成人后侵略性和暴力倾向较强。

成年人也需要抚摸。抚摸所带来的益处有：较少生病，较少忧虑和沮丧，较佳自尊，尿液中有关紧张的荷尔蒙含量较低。

当然，怎样触摸才算得体是有讲究的。一般可以接受的方式是，拍拍肩膀，握握手，手臂环肩轻抱。

别吝惜你的抚摸。

今天，你拥抱过你的孩子没有？

动听的
十四种旋律

拥抱是一种语言，表示你对家人的情意。

微笑是一种语言，表达你对家人的友善。

触摸是一种语言，表明你对家人的关怀。

一起旅游是一种语言，表现全家人的亲密。

家庭崇拜是一种语言，表现全家人的信仰。

称赞是一种语言，表当你对家人的欣赏。

感谢是一种语言，表达你对家人的感恩。

肯定是一种语言，表示你对家人的信心。

床边故事是一种语言，表明你对儿女的喜爱。

供应生活是一种语言，表彰你对家人的忠诚。

彼此分享是一种语言，表现你对家人的信赖。

聆听是一种语言，表现你对家人的支持。

鼓励是一种语言，表白你对家人的期望。

饶恕是一种语言，表达你对家人无条件的接纳。

心有千千结

亲子关系潜藏着许多暗潮汹涌的波浪：

起先是观念不同，

后来是代沟，

跟着是顶嘴，

抱怨随着来，

再演变成不能沟通，

发展成偷父母钱，

逐渐地结交不良朋友，

最终背叛父母，

来个离家出走，

间或来个诅咒双亲，

最后演一出逆子殴父。

父母起先是善劝，

　　再来是威吓，

　　　后来是管教，

　　　　最终，绝望。

最后，父母受够了，

宣布断绝父子关系，

停止一切财务支持，

不准回家来住。

不理儿女死活。

不跟儿女讲话。

不去儿女婚礼。

不分儿女家产。

我知道在父母和儿女这场艰苦的挣扎里，受苦较深的是父母。

他们分享经验，却被看作是老古董。

他们劝勉，却被解释作啰嗦。

他们提供原则，却被误会为约束。

我知道为人父母的苦境。

父母是老练的，儿女是幼稚的。

父母是成熟的，儿女是娇嫩的。

你是老练的父母，就多担待儿女的幼嫩吧！

父母和儿女相处的困难，大体可以通过下页的"亲情八式"化解。

化解
亲子心结
的
温情剑八式

这温情剑八式，柔和中带着威力，
谦让中带着感化，
了解中带着建造，
任何顽石之心，都可能被温情剑高手所感化。

1. | 默想儿女
可爱的
地方 |

· 相信每一个人都有他的优点。
· 用积极的眼光来看，其实儿女的缺点正是他的优点。比如吝啬就是节俭；不听话就是有主见……
· 注意力集中在儿女的优点上，你的心情会较愉快，精神状态较积极，与儿女沟通时话语也会比较正面。

2. | 建立敞开
的沟通 |

· 平常陪儿女做一些他喜欢的事，如打乒乓球、拼图、集邮……培养亲子情。
· 选一个适当的时间、不被干扰的地点约谈。
· 先谈他喜欢的话题，谈他有兴趣的专长。
· 称赞他对家庭的贡献，欣赏他的长处。

3. | 表达你对
问题的
关怀 |

· 待沟通敞开，彼此信任，气氛很好，再逐渐导入讨论问题的核心。
· 提出你的看法。
· 解释你为什么会这样想。
· 说明你以敞开的心态接受可能的修正。

4.	聆听儿女的心声	· 倾听他的回应。 · 试着了解他的想法，他为什么这样想。 · 尽量寻找他的想法所拥有的长处。
5.	诚恳地承认自己的错误	· 称赞他的观点所拥有的优点。（这样，儿女会觉得父母是开明的，鼓励继续沟通的渠道，并建立了儿女的自尊。） · 如果自己的看法有盲点，有误解儿女的地方，或从前伤害了儿女，要诚恳地道歉。 · 表示自己仍在学习。（一个诚挚的道歉，通常会软化儿女刚硬的为人，化解闷积的心结。） · 表达很高兴能有这样彼此了解的机会。
6.	寻找双方都满意的替代方案	· 表示关心他的想法所隐含的短处、问题。 · 提出你的折衷方案。（融和他的长处，加上你的长处，逐渐建立共识。） · 征询他对折衷方案的回应。 · 试着达成双方都满意的替代方案。 · 答应、要求双方都遵行所共同创造的方案。
7.	坚持爱、饶恕、无条件的接纳	· 拒绝饶恕的父母，生气时容易诅咒、定罪，受伤的儿女最后会心灰意冷，甚至萌生短见。 · 饶恕儿女。毕竟他们是第一次做别人的儿女。 · 还是像事情没发生以前一样爱他。 · 接纳他，继续让他享有一切儿女的权利。

· 切忌反复提起儿女过去的错误。

8.

| 重复第 1 步到第 7 步的妙方 |

· 再从头练习温情剑。
· 每次注意你比较不熟的招式。
· 侧重倾听、了解、饶恕、接纳。
· 持之以恒，必有大成。
· 当你练就了纯熟的品质，上天一定会赐福你的努力。

无形舌剑留下 的 七道伤痕

有七种话，话中有话，话中玄机携带着锋利无比的杀伤力。凡是被这无形舌剑砍中的儿女，轻则自尊受损，重则沮丧厌世。父母如果学会在生气时能控制情绪，约束舌头不出恶言，儿女就有福了。

父母的表达	儿女的反应
1. 想当年，我吃番薯穿木屐，现在你什么都有，还不满意？	1. 儿女不可能体验父母时代的生活。心想，爸妈与时代完全脱节。
2. 有什么好哭的！	2. 儿女的委屈得不到倾听，沟通的意愿降低，逐渐产生离心力。
3. 我知道的比你多，我走过的桥比你走过的路还长！	3. 以自封的权威压迫儿女接受父母的意见，扼杀了儿女学习的机会。
4. 你那批狐朋狗友，能给你什么好处？	4. 侮辱了儿女的朋友，等于间接地侮辱了儿女的自尊。
5. 你的脑袋是什么做的？	5. 断定儿女是蠢笨的，贬低儿女的自我形象。最终儿女接受这种定规，放弃努力。
6. 照我的话做，这是命令！	6. 只给命令，不加解释，这种高压式的父子关系，只会激起儿女的疏离感和更多的反叛。
7. 你有种就给我滚出去！我只当没你这个儿子（女儿）。	7. 被拒绝的伤痕结成绝望的情结，儿女会萌生厌世的思想。

温良的舌

乖谬的嘴，使人心碎。

温良的舌，是生命树。

在亲子沟通之中，父母应尽量做到：

- ·控制自己情绪　·营造沟通气氛　·聆听儿女心声
- ·了解儿女看法　·敬重儿女自尊　·同情儿女困难
- ·缓解儿女心结　·分享人生经验　·说明折衷方案

父母正确的表达
1. 你还有什么需要我没注意到？ 你为什么觉得这对你是重要的呢？ 让我想一想有什么折衷的方法？
2. 你可以告诉我，你所受的委屈吗？ 爸妈了解你，爸妈疼你。 我们会支持你，帮助你。
3. 你为什么觉得你的意见是对的呢？ 我的经验是这样的，你听听看…… 你把我的看法放在心里，作个参考。
4. 我担心你所交的那群朋友，对你没什么正面的帮助。 我想交朋友有它的好处和危险，好处是……危险是…… 让我分享我所期望的你交朋友的原则。
5. 这件事这样做会容易一些。 做错了没关系，下次会做得更好。 成功之路是需要努力才能寻得的。
6. 照我的意见做，有下列好处…… 我的看法是这样的，你先考虑一个星期，下次再做决定。
7. 今天我们谈话的气氛不好，以后再讨论吧。 不管怎样，你是我们的孩子，我们永远疼你。

沟通的艺术

第09章

关系的建筑师

美化
家际关系
的
简诀

"简单"有一种精致的美丽。

简单就是用最经济的词汇，表达丰富的思想。
简单就是用最朴素的线条，展现美丽的意境。
简单就是用最精致的智慧，教导成功的秘诀。

怎样营建一个幸福家庭？专家会给你几千页的报告。
但我们只须记住下面的简洁要诀。

你们作妻子的，当**顺服**自己的丈夫。

你们作丈夫的，当**爱**自己的妻子。

你们作儿女的，要**听从**父母。

你们作父母的，**不要生儿女的气**。

作妻子的当顺服丈夫，因为他是一家之主，他需要被尊重。

作丈夫的当爱妻子，因她为家牺牲一切，她需要被爱。

作儿女的当听从父母，因为他们的人生经验丰富。

作父母的不可生儿女的气，因为父母权威很大，容易滥用权柄。

天平_的**两边**

父母收到一件礼物，牌子上写了简单的几个字：容易破碎，小心照顾。我说的不是玻璃制品，我说的是——婴孩。

你的孩子可以是你的喜乐，也可以是你的愁苦。

你的孩子可以是你的光荣，也可以是你的羞辱。

你的孩子可以是你的朋友，也可以是你的敌人。

你的孩子可以是你的祝福，也可以是你的诅咒。

小心照顾你所拥有的机会。

天平的一边	天平的另一边
父母是大人，	儿女是小孩。
父母是世故的，	儿女是幼稚的。
父母是有钱有势的，	儿女是无钱无势的。
父母是父母，	儿女是儿女。
父母是施与者，	儿女是收受者。
父母是体型壮大的，	儿女是体型娇小的。

小心善用你所拥有的权威。

很少父母蓄意虐待儿女。但有不少父母不知不觉

惹儿女生气，

招儿女讨厌，

使儿女沮丧。

小心善用你的权威，

你天平的这边较重。

父母惹儿女生气的可能性有：

虐待儿女
的
十二个办法

1. 父母没实践诺言——儿女心灵受到创伤。

2. 父母错了，却不肯认错——儿女感到受委屈，逐渐记恨。

3. 父母注重事业，忽略家庭——儿女感到孤单，生命没有价值。

4. 父母管教过分严厉——儿女和父母疏远，不敢亲近。

5. 父母制定规则而不加解释——儿女自觉像笼中鸟，可能叛逆。

6. 父母在发怒中管教——儿女心中产生出苦毒、忿恨。

7. 父母未曾教导儿女如何讨父母喜欢——儿女感到被拒绝。

8. 父母只称赞别人外表美丽——儿女有自卑感，自我拒绝。

9. 父母对儿女不耐烦——儿女转而寻求外人的肯定，加入帮派。

10. 父母咒骂儿女——儿女自我形象受损。

11. 父母忽略儿女的需要——儿女缺乏安全感。

12. 父母要求太苛刻——儿女放弃努力。

有爱心、有智慧的父母，总是尽力避免这十二种错误。

种玉得玉

如果一个小孩活在批评里，他就学会定罪。
如果一个小孩活在仇恨里，他就学会斗争。
如果一个小孩活在嘲笑里，他就学会害羞。
如果一个小孩活在羞愧里，他就学会自责。
如果一个小孩活在包容里，他就学会忍耐。
如果一个小孩活在鼓励里，他就学会自信。
如果一个小孩活在称赞里，他就学会感激。
如果一个小孩活在公正里，他就学会公平。
如果一个小孩活在安全里，他就学会信心。
如果一个小孩活在友爱里，他就学会爱心。

人种的是什么，
收的也是什么。

母亲的礼赞

· 孩子的将来取决于母亲。

（拿破仑）

· 在小孩的嘴里和心中，母亲就是神的名字。

（察可雷）

· 神不能无所不在，所以他创造了母亲。

（犹太俚语）

· 天堂正在母亲的脚前。

（波斯俗谚）

· 母亲的心就是儿女的教室。

（亨利·比才）

· 男人是他的母亲所塑成的。

（爱默生）

· 我之所是都是我母亲所给的。

（林肯）

· 男人与女人常会彼此忘记，但每个人都记得母亲。

（耶柔米·贝特）

出生排行序
如何
影响性格

出生排行序在
某种程度上
决定了
人类的个性特质

父母了解这原理
的运作
可以帮助儿女
消除缺点
保持优点

当事人了解这原理特性
兄弟姐妹相处会
更加美丽

独子	长子（长女）
1. 娇生惯养。	1. 有一段时间是独子，家庭注意力的中心。
2. 家庭注意力的中心，自觉特别。	2. 弟妹生下后，可能会感觉自己被忽略，嫉妒弟妹，努力要吸引父母的注意力。
3. 自我中心。	
4. 富创意，因环境迫使他必须娱乐自己。	3. 喜欢管弟弟妹妹，自觉有这义务和权利。
5. 固执己见。	
6. 玩"各个击破"的战术以求达成目标。	4. 可能发展出领导能力和负责任的态度，或是变得泄气丧志。
7. 孩童时期与其他孩童关系不佳，因未曾有机会在家中实习与同辈相处的技巧。	5. 努力奋斗以保护家人。
8. 成年后与成年人关系较佳，因从小就活在大人世界里。	6. 尽力取悦别人。
9. 可能会有长子的"奋斗"特征；也可能有幼子的"无力"感。	
10. 不擅长讨好别人。	

次子（次女）	排行中间	幼子
1. 得到的父母亲注意力较少，不喜欢自己的排行。 2. 哥姊总是比自己大、能干。努力以求超越哥姊。 3. 故意与哥姊相反。他们喜欢这个，我就喜欢那个。他们这个很行，我那个很行。 4. 可能发展出反叛性。 5. 比较可能寻求家庭外的生活圈。 6. 弟妹生下来之后，会觉得自己是夹心饼干。可能会惹兄弟姊妹。	1. 抱怨人生不公平，既无兄姊地位，也无弟妹特权。 2. 感觉被夹击，不被爱，被遗忘。 3. 有可能变成问题孩子。 4. 总是企图与兄弟姊妹竞争。 5. 有适应力，学会与兄弟姊妹相处。	1. 觉得家中成员都比自己大、能干。期待别人做事、出面负责、做决定。 2. 娇生惯养。 3. 享受别人服务。 4. 可能有自卑感，或变得非常努力，企图超越兄弟姊妹。 5. 较晚熟，孩子气。 6. 比较会察颜观色。 7. 如果是老三，常与老大结党，对付老二。

手足之情

兄弟姊妹间的情谊，可以是——你死我活的斗兽场，
也可以是——唇齿相依的爱心园。

兄弟阋墙是不幸的；相反的，手足相爱相亲是温馨感人的。

尽力经营一个美好的兄弟姊妹关系，那是人间天堂。

如何建造幸福的婚姻？

找个对的配偶是重要的；

更重要的是，

做个对的配偶。

高伟伯 (Wilbert Gough)

第二次
的
机会

爱是永不止息

有一个家庭，
父母亲投入大量心力去创业。
事业很成功，但儿女缺乏双亲关爱。
儿女在外面结交不良少年，偷窃……
偷自己家里的东西去卖，被警察逮到。
后来儿女离家出走，鬼混……
钱花光了，向双亲请求，回家来住。
父亲怒喝："不准回家。"

有一个家庭，
双亲感情不和，后来爸爸发展出
外遇，常不在家。
儿女从小缺乏父亲的照顾。
父亲脾气不好，亲子很难沟通。
爸爸见儿女不亲近他，
从偶尔生气到施加暴力。
儿女更加畏惧。
儿女坚持要跟爸爸分居。

有一个家庭，
父母从东方移民来美国，
为的是儿女的教育。
没想到几年后，儿子充分西化。
想法与老爸格格不入。
父子打了一架。
老爸把儿子赶出家门，
不给生活费，不给学费，不给……

请给予第二次机会，创造转弯余地。
怒气所不能解决的，爱心可以融化。

顽固的爱

不是每个人都愿意给予失败者第二次机会。去问问被离异的弱妻，被淘汰出局的球队，联考名落孙山的学子，被开罚单的驾驶员……"一振出局"、"不可原谅的错误"、"我们不是慈善救济机构"、"这是公司规定"、"没有通融余地"、"不胜任者，走路"。

你的儿女得罪了你，伤害了自己。
你肯不肯给他第二次的机会？
只有顽固的爱可以挽回迷失的心！

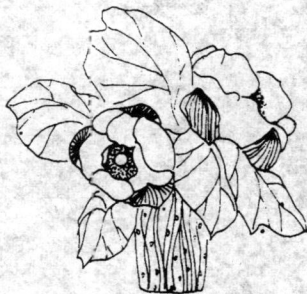

第10章

捍卫战士

救救我们
的
家庭

家庭正受到无情的摧残与攻击，请看这些触目惊心的统计数字：

- 一九七七年美国有二百一十七万六千对新人结婚，同年有一百零九万对离婚。离婚率高达百分之五十点一。
- 每年有一百万儿童的父母离婚。
- 青少年自杀者，有一半来自破碎的家庭。
- 第二次婚姻的离婚率，约为第一次婚姻离婚率的二倍。
- 百分之十七的夫妇因不贞而离异，百分之五的婚姻因虐待而破裂。
- 百分之七十一的离婚者，认为婚姻失败都是对方的错。
- 五分之三的离婚牵涉孩子。
- 婚前即失去童贞的夫妇，离婚率比一般人高出百分之六十。
- 破裂家庭的孩子，健康问题比正常孩子多二十至四十倍。
- 百分之五十三的破碎家庭的青少年男性，变成罪犯。
- 破碎家庭的孩子吸毒的可能性，七倍于常人。
- 破碎家庭的孩子尝试自杀，十三倍于常人。
- 一九九零年私生子占新生婴孩的百分之二十六。

中国人的家庭比美国人好些。但过去这二十年华人的思想与生活模式，逐渐受到西方世界的影响。无远弗届的传媒和市场经济的流行，正逐渐把世界缩小为地球村。这些触目惊心的统计数字，不久也会感染到其他民族。美国的殷鉴所带给我们最大的教训是：

起来，护卫我们的家庭。

祝福的天使
护卫的战士

青春期是一个人一生中最重要的塑形阶段：

你想要将来有个美好的事业生涯，

你就要在青春期追求优秀的学术造诣。

你想要将来有个美好的处世态度，

你就要在青春期栽种健康的人格发展。

你想要将来有个美好的领袖气质，

你就要在青春期锻炼圆熟的人际关系。

从正面的角度来看，父母可以成为儿女祝福的天使——

· 学业上，提供儿女追求卓越的动机与环境。

· 人格上，协助儿女发展健全的思想与行为品质。

· 关系上，培养儿女锻炼圆熟的处世技巧。

从负面的角度来看，父母应当扮演儿女护卫的战神——

· 保护他不涉入**毒品的残害**。

· 保护他不掉入**帮派的陷阱**。

· 保护他不陷入**性泛滥的泥沼**。

> 智慧之子，使父亲欢乐。
> 愚昧之子，叫母亲担忧。

毒之钩

毒品、帮派、性泛滥是现代青少年所面对的三个最险恶的陷阱。

身陷其中的青少年都曾经历高度的自卑、罪恶感、彷徨、内心挣扎、情绪起伏、自我形象低落和绝望。

正如罗马非一日造成，冰冻三尺非一日之寒，陷入这三种险恶的陷阱，也是长期的复杂因素所造成。讨论防范之前，先看看被俘虏者的光景，再探讨其原因及预防的方法。

吸食毒品的主要症兆有：

1. 失去上进心，雄心减弱。
2. 功课退步，成绩下降。
3. 注意力不能长期集中。
4. 沟通障碍，表达能力受阻。
5. 性格转趋冷漠，不关心别人的感觉。
6. 脸色苍白，目光呆滞，眼睛发红。
7. 忽略仪表、服饰。
8. 对批评过分地反应。
9. 个性改变，从积极进取转成消极退缩。
10. 结交不良朋友。
11. 金钱来路不明，家中遗失金钱或贵重物品。

通常吸毒成瘾的孩子：
  · 大部分情结重重。
  · 大部分缺乏父母关爱。
  · 大部分环境适应不良。
他们需要父母坚忍的爱心，来挽回他们。

帮派分子
迷失十步曲

在每一个都市的主要街道都有：

好勇斗狠的青少年；

奇装异服的帮派分子；

勒索保护费的黑道人物。

他们成为社会治安的毒瘤、家庭的噩梦、政府的隐忧。

研究青少年行为的社会学家、心理学家发现，少年罪犯多与帮派有关，而大部分的帮派分子，出身于亲子关系疏离的家庭。这些心理或身体受虐的青少年，较容易有暴力犯罪的可能。在不健康的家庭长大的孩子，养成不健康的心理；不健康的心理，生出不健康的行为。

这些帮派分子误入歧途的个案，虽有细节差异，但大体上遵循下列模式，在一定的轨道上运行。

一、家庭缺乏温情

父亲投入太多时间和精力在事业上，忽略了与儿女建立亲情。平常少有亲子沟通，儿女感受不到家庭温暖，无从产生对家庭的归属感，反而逐渐疏离。

二、父母未曾设定适当家规

良好的家规通常带给儿女安全感。耐心的父母，解释这些家规如何保护儿女的益处，儿女会感受到父母的关怀。这种蒙爱的感觉会增进儿女的向心力。相反的，没有家规可遵循，常被儿女解释为父母不关心。

三、子女犯错时父母管教过分严厉

· 未曾设定家规，儿女无从知道怎样取悦父母。

· 父母已习惯社会生活常规，儿女仍摸索着去了解人生。

- 儿女触怒父母，自己都不知道为什么父母会生气。
- 父母在愤怒中管教儿女，儿女觉得莫名其妙，不公平，很受委屈。
- 父亲在外工作受气，回家打骂孩子出气。
- 父亲经常脾气火爆，与儿女一言不合就施加暴力。
- 孩子心里害怕，厌恶这家庭。

四、父亲的自我形象观偏失

有些父亲只知道扮演养家的角色，忽略了与儿女间朋友、师长的多重关系。他们以为对子女和颜悦色太婆婆妈妈，要疾言厉色才可以显出为父的威严。儿女最后断定父亲是苛刻的，怎么努力也不可能讨父亲喜欢。

五、子女自觉不被接纳，产生心理创伤

对立、争执、咒骂、暴力，逐渐强化了儿女的偏执性格，扭曲了他们的思考模式，产生自我否定，形成自暴自弃的行为模式。

六、子女觉得生命没有意义、没有价值

低落的自我形象是这种环境下的必然产品。一旦自觉自己生命没价值，连带的会扩展到认为别人的生命、财产也没价值。看正常的读书就业之路也没价值。

七、思想、性格扭曲

愤世嫉俗，认定社会不公平，都是别人亏欠我，逐渐以破坏公物为乐，借处罚社会发泄心中怨气。

八、投入帮派，寻求接纳、保护

他们自卑心重，不敢与功课好的人交往，怕被瞧不起。心中又渴望被接纳，一旦有"义气相交、英雄本色"的帮派向他们招手，他们很快地自投罗网，寻求友情与保护。

九、认同愤世嫉俗、好勇斗狠的生活方式

帮派提供生活上的一些好处。本人既然无技能与文化可以谋生，就逐渐被套牢在帮派的生活模式内，认同这个"家庭"，靠耍狠来争取帮友的尊敬与升迁。

十、为非作歹，越滚越黑

良心完全丧尽，进入无法回头的不归点。

大部分学者认为，问题青少年的产生，父亲具有关键性的影响力。并且父亲的坏脾气和暴力所制造的杀伤力是最深远的。

避免这十个步骤的每一环节，
有赖于父母营造一个充满：

爱、温馨、沟通、了解、接纳、饶恕、信任、和谐

的家庭。

神圣的父爱

事实： 1. 缺乏父爱的青少年，比一般人更容易沦为帮派分子。

2. 缺乏父爱的青少年，比一般人更容易变为同性恋。

3. 缺乏父爱的女孩，比一般人更容易失去童贞。

4. 缺乏父爱的女子，婚姻没一般女士幸福。

解释： 1. 一个女孩的性别角色定位，取决于她和父亲的关系。她从父亲那里寻找自我认识。如果她的父亲无条件地爱她，她就建立起健康的自我形象，觉得被爱、安全、幸福，以致心灵里有高度自尊。

2. 如果她得不到父爱和接纳，她会不自觉地从别处寻找爱，以取代她所缺乏的父爱，浑然不知她所追寻的，其实是父爱。当有一个男子出现，声称爱她，她几乎会做任何事以保有这男子的爱情。

3. 通常这一类不成熟的爱情会很快破裂。这女孩会跌入更深的空虚与寂寞里，迫使她继续寻找男子的爱，来肯定自己，以致堕入恶性循环的生活模式里。

捍卫战士

第11章

权威的杖

管教与虐待
之间的
八道分界线

爱，　　　　而不是溺爱。

管教，　　　而不是虐待。

纪律，　　　而不是泄怒。

你所要的是回转的行为，而不是破碎的心灵。所以，你所擎起的管教之杖，下手力道必须恰到好处：一方面挥洒着公义的威严，另一方面洋溢着爱的芳香。千万别让管教的杖，沦落为虐待的鞭。

在虐待与管教之间，有八道明细的分界线。

虐待	管教
· 过分的。	· 公正的。
· 侮辱了孩子的自尊。	· 扶持了孩子的自信，他是被爱的。
· 留下身体伤痕。	· 感觉痛，没有伤疤。
· 动机是憎恶。	· 动机是爱心。
· 表现出来的是怒气。	· 表现出来的是威严。
· 造成惧怕、创伤、对权柄的憎恨。	· 造成行为的改正、感激、对权威的尊敬。
· 摧毁了孩子的心灵。	· 建立了孩子的自尊。
· 导致反社会、反权威、不负责任的生活态度。	· 导致合作、努力、顺从、负责任的生活态度。

管教与虐待
泾渭分明

虐　待

特征	言语	结果
1. 强调个人的权威，要求顺服。	照我所说的去做！听我的！	背叛、报复、不负责任。阳奉阴违，故意捣蛋。
2. 专横。牵强附会。	我告诉你！你活该！	憎恨、恐惧、困惑、无助感。
3. 把人和事混在一起侮辱人格。	你这没用的家伙！老子非教训你一顿不可！	受伤、自卑、憎恨、罪恶感、报复的冲动。
4. 焦点在过去的错误行为。	你是罪有应得！看你还会不会忘记！	感觉不被父母接纳。缺乏自信，感觉没能力做正确决定。
5. 轻看、蔑视。	你不像我的儿子！像样点！	失望、灰心、放弃、迁怒、害怕。
6. 强制顺服。	不管你怎么想，照我的命令！你的头脑是土做的！	离心、离家出走、不信任、沮丧、厌世。

管　教

特征	言语	结果
1. 强调道德秩序，承认相互的尊敬。	我相信你能学会守秩序，尊重别人的权利。	自律、合作、自尊、敬重别人、负责任。
2. 管教与失当行为直接有关。	我信任你能做出正确的抉择。	逐渐从错误中学习。
3. 处理错误行为，接受尊重人格。	你是尊贵的，你的行为应配合你的身份。	认知某些行为不能被接受，但人格永远是被接纳的。
4. 焦点在改善现在和将来的行为。	你能照顾你自己，能负起自己抉择的责任。	学会正确的自我评估，拥有做决定的能力。
5. 事过后是友善的，疼爱如前。	我不喜欢你的行为，但我仍然爱你!	感觉拥有父母的尊敬、支持、爱心。
6. 将行为决定权仍交给儿女。	我信任你!	做出负责任的决定。表现出有经验的行为模式。

管教
的
七项原则

你要一头驴往你所要的地方移动，你有什么妙计？藤条和嫩草。

嫩草在前面吸引它，藤条在后面管教它。

嫩草是鼓励，藤条是处罚，双剑合一，锐不可挡。

运用藤条的七项基本动作，演练如下：

1. 权威来源：使孩子口服心服，改错从善的力量绝非来自父母的体罚或怒气。它来自父母所掌握的真理。
2. 讲解目的：莫名其妙的管教，令孩子困惑、恐惧。每一次只处理一个问题，孩子才能学到功课。
3. 说明家规：让孩子知道错在哪里，为什么是错的。让孩子了解守法的益处，以及犯规所带来的可能危险。
4. 解释判决：举出事实。说明该项行为不符合良心、常识、品德的法则。
5. 处罚轻重：说明所受处罚是合理的。
6. 表达慈爱：管教的目的是修正他的行为，而不是摧毁他的人格。动力是爱，而不是恨。打完手心，总要拥抱几下。
7. 保证接纳：孩子很容易误解处罚是一种拒绝、排斥、厌恶。平时经常表达接纳，才能消除疑惧，创造合作。

孩子咒骂时

詹姆斯·道森博士 (Dr. James Dobson) 是个家庭问题专家。有一次他被问：如果我的孩子发怒地尖叫"我恨你!"我应该怎么回应？詹姆斯博士的回答很有智慧，值得深思：

1. 我会等他平静了，气消了，然后以慈爱的态度、温柔的语气传递下列信息：
2. 儿啊，我知道当你我看法不同时，你很生气。我希望澄清这件事。
3. 每个孩子都会生父母气，特别是当他们觉得所受的对待不公平时。
4. 我了解你的感觉，我心里也为此难过。
5. 不论如何，说"我恨你"总是不对的。
6. 你知道不管我对你如何"感冒"，我从不会对你说"我恨你"。
7. 我爱你，你也爱我，彼此相爱的人不应当伤害对方。
8. 当你说你恨我时，我受到了伤害。正如我说我恨你，你会受到伤害一样。
9. 但你可以告诉我，到底什么事令你生气，我会注意倾听。
10. 如果我错了，我会尽力改正那件事。
11. 你有权利表达你的意见及感觉，但绝对不许尖叫，不许说"我恨你"。
12. 下次再有这种孩子气的表现，你会受到处罚。
13. 你还有话要说吗？如果没有的话，抱爸爸一下。
14. 我爱你。

1. 这是等候适当时机。
2. 这是简述事件。
3. 这是承认对方的感觉。
4. 这是表白自己的感觉。
5. 这是摆出立场。
6. 这是建立说服力在自己的榜样上。
7. 这是教导生活原则。
8. 这是说明错误的后果。
9. 这是保证沟通的敞开。
10. 这是表达公正与谦卑。
11. 这是再次摆明原则立场。
12. 这是警告再犯的处罚。
13. 这是彼此相爱的行动语言。
14. 这是爱的保证。

权威的杖

第12章

生命的旋律

触摸生命

一脸微笑，可以融化他沉重的冬天。

一句安慰，可以鼓舞他丧气的心田。

一项美言，可以引领他踏出迷茫谷。

一点服侍，可以减轻他人生的担子。

一次分享，可以激发他的斗志潜力。

一张卡片，可以带给他满室的阳光。

一回拥抱，可以消除他内在的疑惧。